Padmanjali A Hagargi

Abordagem de encaminhamento seguro

Padmanjali A Hagargi

Abordagem de encaminhamento seguro

ScienciaScripts

Imprint

Cover image: www.ingimage.com

This book is a translation from the original published under ISBN 978-620-7-63903-8.

Publisher:
Sciencia Scripts
is a trademark of
Dodo Books Indian Ocean Ltd. and OmniScriptum S.R.L publishing group

120 High Road, East Finchley, London, N2 9ED, United Kingdom
Str. Armeneasca 28/1, office 1, Chisinau MD-2012, Republic of Moldova, Europe
Printed at: see last page
ISBN: 978-620-8-13974-2

CAPÍTULO 1
Introdução

O protocolo de encaminhamento é um processo para selecionar o caminho adequado para os dados viajarem da origem para o destino. O processo encontra várias dificuldades ao selecionar o caminho, que dependem do tipo de rede, das caraterísticas do canal e das métricas de desempenho.

Os dados detectados pelos nós sensores numa rede de sensores sem fios (RSSF) são normalmente enviados para a estação de base que liga a rede de sensores a outras redes (pode ser a Internet), onde os dados são recolhidos, analisados e são tomadas algumas medidas em conformidade.

Em redes de sensores muito pequenas, em que a estação de base e os motes (nós sensores) estão tão próximos que podem comunicar diretamente entre si, trata-se de uma comunicação de salto único, mas na maioria das aplicações de RSSF a área de cobertura é tão grande que exige a colocação de milhares de nós e este cenário exige uma comunicação de salto múltiplo, porque a maioria dos nós sensores está tão longe do nó de ligação (gateway) que não pode comunicar diretamente com a estação de base. A comunicação de um único salto é também designada por comunicação direta e a comunicação de vários saltos é designada por comunicação indireta.

Na comunicação multi-hop, os nós sensores não só produzem e entregam o seu material, como também servem de caminho para outros nós sensores em direção à estação de base. O processo de encontrar o caminho adequado entre o nó de origem e o nó de destino chama-se encaminhamento e é a principal responsabilidade da camada de rede.

2. Desafios de encaminhamento nas RSSF

A tarefa de conceção de protocolos de encaminhamento para as RSSF é bastante difícil devido às múltiplas caraterísticas que as diferenciam das redes sem fios sem infra-estruturas. Existem vários tipos de desafios de encaminhamento nas redes de sensores sem fios. Alguns dos desafios mais importantes são mencionados a seguir:

É quase difícil atribuir um esquema de identificação universal para uma grande quantidade de nós sensores. Assim, os nós sensores sem fios não são capazes de utilizar os protocolos clássicos baseados no IP.

O fluxo de dados detectados é obrigatório a partir de um certo número de fontes para uma estação de base específica. Mas isto não acontece nas redes de comunicação típicas.

O tráfego de dados criado tem uma redundância significativa na maioria dos casos. Com efeito, muitos nós de deteção podem gerar os mesmos dados durante a deteção. Por isso, é essencial que os protocolos de encaminhamento explorem essa redundância e utilizem a largura de banda e a energia disponíveis da forma mais eficiente possível.

Além disso, os motores sem fios estão fortemente limitados em termos de energia de transmissão, largura de banda, capacidade e armazenamento e energia a bordo. Devido a estas diferenças, foram projectados vários novos protocolos de encaminhamento para fazer face a estes desafios de encaminhamento nas redes de sensores sem fios.

3. Desafios de conceção nas RSSF

As redes de sensores sem fios enfrentam alguns desafios de conceção importantes devido à falta de recursos como a energia, a largura de banda e o armazenamento do processamento. Ao conceber novos protocolos de encaminhamento, um engenheiro de rede deve cumprir os seguintes requisitos essenciais

3.1. Eficiência energética

As redes de sensores sem fios são maioritariamente alimentadas por baterias. A falta de energia é um problema importante nestas redes de sensores, especialmente em ambientes agressivos como os campos de batalha, etc. O desempenho dos nós sensores é afetado negativamente quando a bateria desce abaixo de um limiar pré-definido. A energia constitui o principal desafio para os projectistas na conceção de redes de sensores. Nas redes de sensores sem fios, existem milhões de nós. Cada nó desta rede tem recursos energéticos limitados devido a uma quantidade parcial de energia. Por isso, o protocolo de encaminhamento deve ser eficiente em termos energéticos [1].

3.2. Complexidade

A complexidade de um protocolo de encaminhamento pode afetar o desempenho de toda a rede sem fios. A razão para isso é o facto de termos competências inadequadas em termos de hardware e de nos depararmos com limitações extremas de energia nas redes de sensores sem fios.

3.3. Escalabilidade

Como os sensores estão a tornar-se cada vez mais baratos, podem ser facilmente instalados centenas ou mesmo milhares de sensores numa rede de sensores sem fios. Por isso, o protocolo de encaminhamento deve suportar a escalabilidade da rede. Se, a qualquer momento, forem acrescentados mais nós à rede, o protocolo de encaminhamento não deve interromper esse processo.

3.4. Atraso

Algumas aplicações requerem uma reação instantânea ou uma resposta sem atrasos substanciais, como o sensor de temperatura ou a monitorização de alarmes, etc. Assim, o protocolo de encaminhamento deve oferecer um atraso mínimo. O tempo necessário para transmitir os dados detectados deve ser o menor possível nas aplicações de RSSF acima referidas.

3.5. Robustez

As redes de sensores sem fios são frequentemente implantadas em ambientes muito cruciais e com perdas. Ocasionalmente, um nó sensor pode expirar ou abandonar a rede de sensores sem fios. Por conseguinte, o protocolo de encaminhamento deve ser capaz de aceitar todos os tipos de ambientes, incluindo ambientes com perdas e graves. A funcionalidade do protocolo de encaminhamento também deve ser óptima [2].

3.6. Transmissão de dados e modelos de transmissão

Existem quatro modos de transmissão de dados, dependendo das aplicações em que o sensor sem fios começa a transmitir os dados apenas quando o dissipador cria a consulta ou ocorre um evento no modelo orientado para a consulta e no modelo orientado para o evento. Os dados são enviados periodicamente no modo de transmissão contínua. O desempenho do protocolo de encaminhamento é função do tamanho da rede e do meio de transmissão. Assim, um meio de transmissão de boa qualidade melhora diretamente o desempenho da rede [3].

3.7. Localização do sensor

Outro grande desafio enfrentado pelos projectistas de redes de sensores sem fios é a localização correta dos nós sensores. A maioria dos protocolos de encaminhamento utiliza alguma técnica de localização para obter conhecimento sobre as suas localizações. Os receptores do sistema de posicionamento global (GPS) são utilizados em alguns cenários.

4. Classificação dos protocolos de encaminhamento

Os protocolos de encaminhamento definem a forma como os nós comunicam entre si e como a informação é disseminada através da rede. Há muitas formas de classificar os protocolos de encaminhamento das RSSF. A classificação básica dos protocolos de encaminhamento é ilustrada na Figura 1.

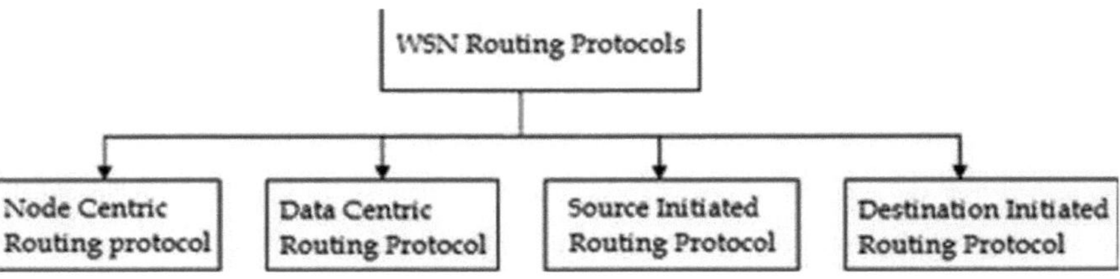

Figura 1. Classificação básica dos protocolos de encaminhamento.

4.1. Centrado no nó

Nos protocolos centrados no nó, o nó de destino é especificado com alguns identificadores numéricos e este não é o tipo de comunicação esperado nas redes de sensores sem fios. Por exemplo, Low energy adaptive clustering hierarchy (LEACH).

4.1.1. Hierarquia de agrupamento adaptativa de baixo consumo de energia (LEACH)

O LEACH é um protocolo de encaminhamento que organiza o agrupamento de modo a que a energia seja igualmente dividida por todos os nós sensores da rede. No protocolo LEACH, são criados vários clusters de nós sensores e um nó é definido como chefe do cluster e actua como nó de encaminhamento para todos os outros nós do cluster.

Tal como nos protocolos de encaminhamento, o chefe de agrupamento é selecionado antes do início de toda a comunicação e a comunicação falha se ocorrer algum problema no chefe de agrupamento e há muitas probabilidades de a bateria se esgotar mais cedo em comparação com os outros nós do agrupamento, uma vez que o chefe de agrupamento fixo está a desempenhar as suas funções de encaminhamento para todo o agrupamento.

O protocolo LEACH aplica a aleatoriedade e a cabeça do agrupamento é selecionada a partir do grupo de nós, pelo que esta seleção da cabeça do agrupamento a partir de vários nós numa base temporária torna este protocolo mais duradouro, uma vez que a bateria de um único nó não é sobrecarregada durante muito tempo.

Os nós sensores elegem-se a si próprios como cluster head com alguns critérios de probabilidade definidos pelo protocolo e anunciam-no aos outros nós.

4.2. Centrado nos dados

Na maior parte das redes de sensores sem fios, os dados ou informações recolhidos são muito mais valiosos do que o próprio nó. Por conseguinte, as técnicas de encaminhamento centradas nos dados centram-se sobretudo na transmissão de informações especificadas por determinados atributos e não na recolha de dados de determinados nós.

No encaminhamento centrado nos dados, o nó de destino consulta regiões específicas para recolher dados com algumas caraterísticas específicas, pelo que é necessário um esquema de nomeação baseado em atributos para descrever as caraterísticas dos dados. Os exemplos são os seguintes:

4.2.1. Protocolos de sensores para informação através de negociação (SPIN)

SPIN é a abreviatura de sensor protocol for information via negotiation (protocolo de sensores para informação através de negociação). Este protocolo foi definido para eliminar as deficiências que ocorrem noutros protocolos, como o flooding e o gossiping. A ideia principal é que a partilha de dados, que são detectados pelo nó, pode exigir mais recursos em comparação com os meta-dados, que são apenas um descritor sobre os dados detectados pelo nó. O gestor de recursos em cada nó monitoriza os seus recursos e adapta a sua funcionalidade em conformidade.

Três mensagens, nomeadamente ADV, REQ e DATA, são utilizadas no SPIN. O nó transmite um pacote ADV a todos os outros nós informando-os de que possui alguns dados. Esta mensagem ADV do nó anunciante inclui atributos dos dados que possui. Os nós que têm interesse nos dados que o nó anunciante solicitou enviam uma mensagem REQ para o nó anunciante. Ao receber a mensagem REQ, o nó publicitário envia os dados para esse nó. Este processo continua quando o nó, ao receber os dados, gera uma mensagem ADV e a envia. O modelo SPIN completo é apresentado na (Figura 2).

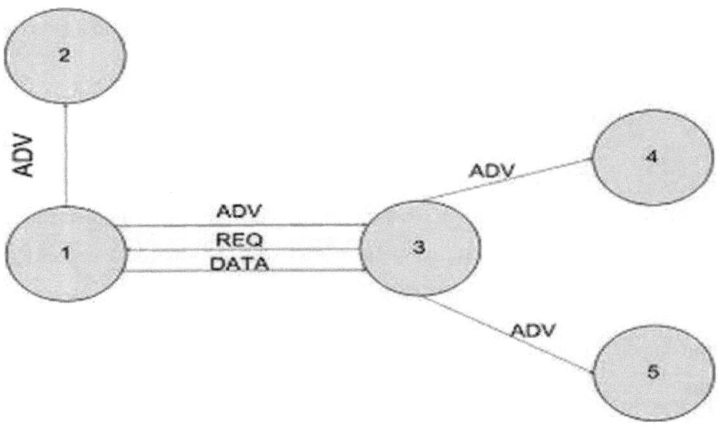

Figura 2. Protocolo de encaminhamento SPIN.

4.3. Iniciado no destino (Dst-iniciado)

Os protocolos são designados protocolos iniciados no destino quando a geração da configuração do caminho tem origem no nó de destino. Exemplos disso são a difusão dirigida (DD) e o LEACH.

4.3.1. Difusão dirigida (DD)

A difusão dirigida é uma técnica de encaminhamento centrada nos dados. Utiliza esta técnica centrada nos dados para a recolha e circulação de informações. Este protocolo de encaminhamento também é eficiente em termos energéticos e permite poupar energia, pelo que o tempo de vida da rede aumenta. Toda a comunicação no protocolo de encaminhamento por difusão dirigida é feita nó a nó, pelo que não é necessário endereçamento neste protocolo.

4.4. Iniciado na fonte (Src-initiated)

Nestes tipos de protocolos, o nó de origem anuncia quando tem dados para partilhar e, em seguida, a rota é gerada do lado da origem para o destino. Um exemplo é o SPIN.

5. Categorias de protocolos de encaminhamento

Para transmitir dados em redes de sensores, estão a ser utilizadas duas técnicas. Uma delas é designada por Flooding (inundação) e a outra é o protocolo gossiping (coscuvilhice). Não há necessidade de utilizar qualquer algoritmo de encaminhamento e de manter a topologia. No protocolo de inundação, após a receção de um pacote de dados pelos nós sensores, este pacote de dados é difundido para todos os outros vizinhos. O processo de difusão continua até que uma das duas condições seguintes seja satisfeita: o pacote chegou com êxito ao seu destino. E a segunda condição é: o número máximo de saltos de um pacote foi atingido [4].

As principais vantagens da inundação são a facilidade de implementação e a simplicidade. As desvantagens são a falta de recursos, a sobreposição e a implosão. O protocolo de coscuvilhice é uma versão algo avançada do protocolo de inundação. No protocolo de coscuvilhice, o nó sensor que recebe um pacote de dados transmite-o a um vizinho selecionado arbitrariamente. Na vez seguinte, os nós sensores voltam a escolher aleatoriamente outro nó e enviam-lhe os dados. Este processo continua uma e outra vez. A difusão não é utilizada no protocolo de coscuvilhice, tal como era utilizada no protocolo de inundação. Desta forma, o problema da implosão pode ser facilmente evitado. Mas o atraso aumenta desta forma. As principais categorias dos protocolos de encaminhamento estão representadas na Figura 3.

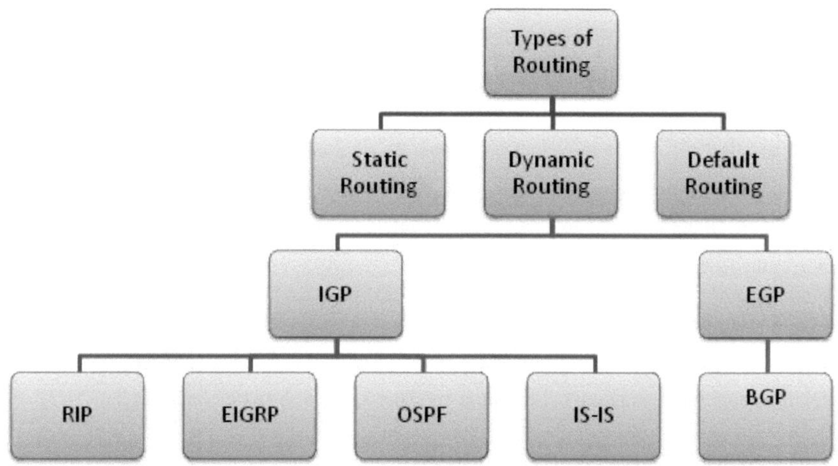

Figura 3. Categorias de protocolos de encaminhamento.

5.1. Protocolos de encaminhamento baseados na descoberta de rotas

Os protocolos de encaminhamento são classificados com base no processo que utilizam para descobrir as rotas.

5.1.1. Protocolos reactivos

Os protocolos de encaminhamento reactivos não mantêm a topologia de toda a rede, sendo activados apenas a pedido, quando um nó pretende enviar dados para outro nó. Assim, as rotas são criadas a pedido, quando as consultas são iniciadas. Os protocolos de encaminhamento reativo mais utilizados são os seguintes

5.1.1.1. Sistema de encaminhamento por vetor de distância ad-hoc a pedido (AODV)

O vetor de distância Ad-hoc a pedido (AODV) é um protocolo reativo a pedido. O AODV foi concebido para redes móveis sem infra-estruturas. Utiliza a metodologia de encaminhamento a pedido para a formação de rotas entre os nós da rede. O caminho é estabelecido solitariamente quando o nó de origem quer dirigir pacotes de dados e o caminho pré-definido é mantido enquanto o nó de origem precisar. É por isso que lhe chamamos On-Demand. O AODV satisfaz o encaminhamento unicast, multicast e broadcast. O protocolo de encaminhamento AODV direciona os pacotes entre os nós móveis da rede ad-hoc sem fios. O AODV permite que os nós móveis passem pacotes de dados para o nó de destino necessário através de nós vizinhos que não conseguem estabelecer uma ligação aberta. O material das tabelas de encaminhamento é trocado de forma intermitente entre os nós vizinhos e preparado para actualizações súbitas [3].

O AODV escolhe o caminho mais curto, mas sem rondas, da tabela de encaminhamento para transmitir os pacotes. Se surgirem erros ou variações no trajeto indicado, o AODV é suficientemente inteligente para criar um novo trajeto para o resto da comunicação.

5.1.1.2. Encaminhamento de fonte dinâmica (DSR)

O Dynamic source routing (DSR) é um protocolo de encaminhamento utilizado em redes de sensores sem fios desenvolvido na CMU em 1996. O encaminhamento dinâmico da fonte pode ser reativo ou a pedido. Como o seu nome indica, utiliza o encaminhamento pela fonte em vez de tabelas de encaminhamento. O roteamento no DSR é dividido em duas partes, descoberta de rotas e manutenção de rotas.

O nó de origem iniciará uma fase de descoberta de rota e esta fase consiste em mensagens de pedido de rota e de resposta à rota (RREP). No DSR, apenas o nó de destino responde ao nó de origem com uma mensagem RREP de resposta ao itinerário, ao contrário do AODV, em que todos os nós intermédios respondem com uma mensagem RREP de resposta ao itinerário. E o objetivo da manutenção da rota na fase seguinte é evitar a inundação de mensagens RREP e utilizá-la para encurtar os nós entre a origem e o destino [6, 8].

5.1.2. Protocolos proactivos

São também conhecidos como protocolos de encaminhamento baseados em tabelas, porque mantêm as tabelas de encaminhamento para toda a rede, passando a informação da rede de nó para nó e as rotas são pré-definidas antes da sua utilização e mesmo quando não há fluxo de tráfego. O algoritmo mais comummente utilizado é o seguinte

5.1.2.1. Encaminhamento optimizado do estado da ligação (OLSR)

O Optimized link state routing (OLSR) pertence à categoria dos protocolos de encaminhamento proactivos e utiliza a prática centrada em tabelas. A principal desvantagem do OLSR é o facto de ter um enorme atraso. Para compensar este atraso, utilizam-se retransmissores multiponto (MPRs) para ultrapassar o grande peso. Para a transmissão de dados, três nós adjuntos são utilizados como MPRs por cada nó. Não é necessária informação de controlo consistente, uma vez que cada nó a envia alternadamente [6, 8].

5.1.3. Protocolos de encaminhamento híbridos

Os protocolos de encaminhamento híbridos têm os méritos dos protocolos de encaminhamento proactivos e reactivos, negligenciando os seus deméritos.

5.2. Protocolos de encaminhamento baseados na organização da rede

Os protocolos seguintes baseiam-se na organização da rede de sensores sem fios.

5.2.1. Topologia plana

A topologia plana trata todos os nós da mesma forma. A topologia plana destina-se principalmente a redes homogéneas em que todos os nós têm as mesmas caraterísticas e a mesma funcionalidade. Os exemplos são:

Encaminhamento baseado em gradiente (GBR)

Puma

Encaminhamento por difusão anisotrópica condicionada (CADR)

Encaminhamento de rumores (RR)

5.2.2. Encaminhamento baseado em hierarquia

Na maior parte das vezes, as redes heterogéneas aplicam protocolos de encaminhamento hierárquicos em que alguns nós são mais avançados e poderosos do que os outros nós, mas nem sempre é este o caso. Por vezes, nos protocolos hierárquicos (de agrupamento), os nós são agrupados para formar um cluster e a cada cluster é atribuído um chefe de cluster que, após a agregação dos dados de todos os nós, comunica com o nó de base. Os exemplos são:

Rede de sensores com eficiência energética sensível ao limiar (TEEN)

Rede de sensores adaptável sensível ao limiar e eficiente em termos energéticos (APTEEN)

Hierarquia de agrupamento adaptativa de baixo consumo de energia (LEACH)

A recolha eficiente de energia em sistemas de informação de sensores (PEGASIS)

Encaminhamento de arquitetura de rede virtual (VGA)

Protocolo auto-organizável (SOP)

Fidelidade adaptativa geográfica (GAF)

5.2.3. Encaminhamento baseado na localização (geo-centrado)

No encaminhamento baseado na localização, os nós têm a capacidade de localizar a sua localização atual utilizando vários protocolos de localização. As informações sobre a localização ajudam a melhorar o procedimento de encaminhamento e também permitem que as redes de sensores forneçam alguns serviços adicionais. Os exemplos são:

VELOCIDADE

Encaminhamento geográfico e com consciência energética (GEAR)

SPAN

5.3. Protocolos de encaminhamento baseados em operações

De acordo com a base operacional, os protocolos de encaminhamento são classificados como:

Protocolos de encaminhamento multipercurso

Encaminhamento baseado em consultas

Encaminhamento baseado em negociação

Encaminhamento baseado em QoS

Encaminhamento coerente

5.3.1. Protocolo de encaminhamento multipercurso

Os protocolos de encaminhamento multipercurso fornecem múltiplos percursos para os dados chegarem ao destino, proporcionando um equilíbrio de carga, um atraso reduzido e, consequentemente, um melhor desempenho da rede. O protocolo de encaminhamento múltiplo também fornece um caminho alternativo em caso de falha de qualquer caminho. As redes densas estão mais interessadas em redes com múltiplos percursos. Para manter os percursos activos, é necessário enviar algum tipo de mensagens periódicas após alguns intervalos específicos, pelo que o encaminhamento por múltiplos percursos não é mais eficiente em termos energéticos. Os protocolos de encaminhamento multipercurso são: [6]

Multipercurso e Multivelocidade (MMSPEED)

Protocolos de sensores para informação através de negociação (SPIN)

5.3.2. Protocolo de encaminhamento baseado em consultas

Este tipo de protocolos de encaminhamento é maioritariamente iniciado pelo recetor. Os nós sensores só enviam dados em resposta a consultas geradas pelo nó de destino. O nó de destino envia uma consulta de interesse para receber alguma informação através da rede e o nó de destino detecta a informação e envia-a de volta para o nó que iniciou o pedido. Os exemplos são [6]:

Protocolos de sensores para informação através de negociação (SPIN)

Difusão dirigida (DD)

COUGAR

5.3.3. Protocolos de encaminhamento baseados na negociação

Nestes tipos de protocolos, para manter o nível de transmissão de dados redundantes no mínimo, os nós sensores negoceiam com os outros nós a e partilham a sua informação com os nós vizinhos sobre os recursos disponíveis e as decisões de transmissão de dados são tomadas após o processo de negociação. Exemplos são [6]:

Protocolos de sensores para informação através de negociação (SPAN)

Encaminhamento de atribuição sequencial (SAR)

Difusão dirigida (DD)

5.3.4. Protocolos de encaminhamento baseados na QoS

Para obter uma boa qualidade de serviço, são utilizados estes protocolos. Os protocolos que têm em conta a QoS tentam descobrir um caminho da fonte para o sumidouro que satisfaça o nível de métricas relacionadas com uma boa QoS, como o débito, a entrega de dados, a energia e o atraso, mas que também faça uma utilização óptima dos recursos da rede.

Os exemplos são: [4, 6]

Encaminhamento de atribuição sequencial (SAR)

VELOCIDADE

Multipercurso e Multivelocidade (MMSPEED)

5.3.5. Protocolo de encaminhamento de processamento coerente de dados

No protocolo de encaminhamento de processamento coerente de dados, os nós efectuam um processamento mínimo (registo da hora, compressão de dados, etc.) nos dados antes de os transmitirem para os outros nós sensores ou agregadores. O agregador efectua a agregação dos dados provenientes de diferentes nós e transmite-os depois ao nó de drenagem.

5.4. Comparação dos protocolos de encaminhamento das RSSF

A Figura 4 apresenta uma comparação pormenorizada dos protocolos de encaminhamento das RSSF em forma de tabela [5].

Parâmetros de simulação	**Valores**
N.º de nós	20, 40, 80
Tempo de simulação	120 s
Área de simulação	1000 m^2
Taxa de dados dos nós	11 Mbps
Tráfego	FTP (carga elevada)
Protocolos de encaminhamento	AODV, DSR e OLSR

Tabela 1: Parâmetros de simulação.

Distance Vector	Link State
RIP, RIPv2, IGRP, EIGRP	OSPF, ISIS
Routers communicate with neighbor routers advertising networks as measures of distance and vector	Routers communicate with all other routers exchanging link-state information to build a topology of the entire network
Distance = Metric Vector = Direction (Interface)	Link-state = interface connections or "links" to other routers and networks
Best for: - simple, flat design, non-hierarchical networks - minimum administrator knowledge - convergence time is not an issue	Best for: - large, hierarchical networks - advanced administrator knowledge - convergence time is crucial
Knowledge of the network from directly connected neighbors	Routers have a complete view of the network, knowledge of the entire topology
Send periodic updates of entire routing table	Send triggered partial updates

Figura 4. Comparação de protocolos de encaminhamento.

5.5. Análise do desempenho dos protocolos de encaminhamento

O simulador de rede OPNET Modeler 14.5 é utilizado para analisar os protocolos de encaminhamento AODV, DSR e OLSR em RSSF baseadas em WLAN. Esses protocolos são compatíveis com RSSFs baseadas em WLAN e pesquisas anteriores indicaram que eles têm melhor desempenho. Neste caso, o desempenho destes protocolos será avaliado numa rede de pequena, média e grande dimensão em termos de atraso, débito e carga de rede. A rede de pequena escala contém 20 nós, a de média escala 40 nós e a de grande escala 80 nós. O modelo de simulação está representado na Figura 5. Os parâmetros gerais para os cenários de simulação são apresentados na Tabela 1.

Parameters	AODV	DSR	TORA
Source Routing	No	Yes	No
Topology	Full	Full	Reduced
Broadcast	Full	Full	Local
Update information	Route error	Route error	Node's height
Update destination	Source	Source	Neighbors
Method	Unicast	Unicast	Broadcast
Storage Complexity	O(E)	O(E)	O(Dd*A)

Abbreviations:
Dd – Number of maximum desired destinations
E – Communication pairs
A – Average number of adjacent nodes

Figura 5: Modelo de simulação.

Agora, são definidas três métricas de rede: atraso extremo-a-extremo, taxa de transferência e carga da rede. O atraso ETE é descrito pelo tempo que um envelope demora a ser comunicado através de uma rede, da origem ao destino. Inclui atrasos de retransmissão na camada de acesso ao meio (MAC), tempo de transferência de pacotes e atraso de difusão, para além de outros atrasos na descoberta e conservação de rotas. A quantidade de dados transmitidos do nó de rede de origem para o nó de destino num determinado período de tempo. É expressa em bytes por segundo. A carga da rede (NL) mostra a carga líquida, que é indicada em bits por segundo. A carga de trabalho é por vezes também designada por congestionamento da rede. Quando a carga de tráfego ultrapassa a capacidade da ligação, é quase impossível para a rede gerir o tráfego, criando assim um congestionamento na rede. Nas simulações, são consideradas redes de sensores. Em primeiro lugar, numa rede de pequena escala, são selecionados 20 nós com um servidor WLAN fixo. Estes nós estão interligados numa topologia em estrela. A área da rede é de 1000 × 1000 m. O esquema IPv4 é aplicado a todos os nós e o protocolo de transferência de ficheiros é utilizado como grande carga de tráfego. Cada nó WLAN tem uma velocidade de transmissão de dados de 11 Mbps. Do mesmo modo, uma rede de média escala é constituída por 40 nós e uma rede de grande escala é constituída por 80 nós. Após a execução das simulações, são obtidos os seguintes resultados. As Figuras 6-8 mostram os resultados da simulação do atraso, da carga da rede e da taxa de transferência do AODV em redes de pequena, média e grande dimensão, respetivamente. O atraso é representado em segundos, enquanto o débito e a carga da rede são representados em bits por segundo.

CAPÍTULO 2

Comunicação básica FHSS

O rápido crescimento das comunicações sem fios no sector das comunicações captou a atenção dos meios de comunicação social e a imaginação das pessoas. Nos últimos anos, os países desenvolvidos assistiram à substituição de sistemas com fios antiquados por redes sem fios. Por exemplo, muitos edifícios públicos, aeroportos, residências, hotéis, empresas e campus universitários substituíram os sistemas com fios por sistemas sem fios.

Além disso, muitos sistemas realistas, como auto-estradas automatizadas, casas inteligentes e aparelhos inteligentes, surgiram de várias ideias de investigação. No futuro, o crescimento explosivo das redes sem fios na indústria das comunicações ultrapassará o das redes com fios devido às suas muitas vantagens, como a comodidade, a mobilidade, a capacidade de expansão e o custo. Embora as redes sem fios tenham inúmeras vantagens, estão associadas a vulnerabilidades e ameaças à segurança.

Na comunicação através de um sistema sem fios, os elementos críticos incluem o transmissor e o recetor durante o tempo de transmissão da informação. Devido ao meio de partilha aberto, as redes sem fios são propensas a muitas ameaças e ataques à segurança. Algumas das ameaças à segurança são os ataques de negação de serviço (DoS) nas redes sem fios. Outras vulnerabilidades de segurança incluem o ataque man-in-the-middle (MITM), a injeção de mensagens e o ataque de escuta.

Nas redes sem fios, a troca de dados entre nós legítimos e autorizados na presença de inúmeras ameaças à segurança é um desafio. É essencial manter os requisitos de segurança das redes sem fios para proteger os canais sem fios dos ataques. Alguns dos requisitos críticos de segurança que tornam as redes sem fios mais seguras incluem a confidencialidade, a integridade e a disponibilidade.

Um sistema de comunicações por espetro alargado é um sistema baseado no princípio da transmissão de sinais de informação numa largura de banda muito maior do que a estritamente necessária para transferir a informação. Ao transmitir numa largura de banda maior, aumenta a robustez contra interferências externas de banda estreita, uma vez que quanto maior for a largura de banda de qualquer sinal transmitido, menor será a influência relativa das interferências numa pequena parte da largura de banda. Embora, do ponto de vista de uma ligação única, a transmissão por espetro alargado possa parecer uma utilização muito ineficiente do espetro, tal não é o caso a nível do sistema, dado que as técnicas de espetro alargado permitem a transmissão simultânea de

multiplexagem de múltiplas transmissões na mesma largura de banda. Assim, se as transmissões de/para *K* utilizadores forem multiplexadas utilizando *K* vezes a largura de banda que seria necessária sem propagação, a utilização da largura de banda não é comprometida. Além disso, se o número *K* de utilizadores variar, o espalhamento aplicado a cada utilizador individual pode ser variado de forma a garantir que todos os utilizadores sejam servidos, mantendo a utilização da largura de banda. Existe uma variedade de técnicas de espalhamento espetral, como o espetro de espalhamento por salto de frequência (FHSS) e o espetro de espalhamento por sequência direta (DSSS).

Atualmente, as redes sem fios são omnipresentes. Nos sistemas de comunicação sem fios, vários nós trocam dados durante o tempo de transmissão. Devido à utilização natural do canal de comunicação, é crucial proteger a camada física para tornar os canais sem fios entre nós mais fiáveis. Os ataques de interferência são considerados uma das ameaças mais significativas às comunicações sem fios. As técnicas de espetro alargado têm sido amplamente utilizadas para atenuar o problema do empastelamento. As abordagens tradicionais anti-empastelamento, como o espetro de propagação por salto de frequência (FHSS) e o espetro de propagação de sequência direta (DSSS), exigem que um emissor e um recetor partilhem uma chave secreta antes da comunicação. Se esta chave for comprometida pelo empastelador, este pode então gerar os padrões de salto de frequência ou os códigos de propagação utilizados pelos comunicadores para interromper a comunicação sem fios. Esta dissertação inclui dois trabalhos como contramedida de ataques de empastelamento usando DSSS sem a necessidade de partilhar uma chave secreta.

Num sistema de comunicações por espalhamento espetral de sequência direta (DSSS), o espalhamento dos bits de informação é efectuado pela sua modulação com uma sequência de pseudo-ruído (PN) antes da transmissão. No recetor, o sinal de espetro espalhado recebido é "desdispersado", correlacionando-o com uma réplica local do código PN. A operação de correlação espalha a interferência de banda estreita pela largura de banda do sinal PN, enquanto a componente de informação desejada do sinal recebido se reduz à sua largura de banda original.

De facto, é importante tornar fiável a comunicação sem fios entre um emissor e um recetor, desenvolvendo novos esquemas para atenuar os efeitos dos ataques de empastelamento. O espetro de propagação por salto de frequência (FHSS) e o espetro de propagação por sequência direta (DSSS) são exemplos de técnicas de espetro de propagação que têm sido amplamente utilizadas para defender os sistemas de comunicação sem fios contra ataques de empastelamento. O FHSS e o DSSS tradicionais pressupõem que o emissor e o recetor partilham a mesma chave secreta para codificar as mensagens.

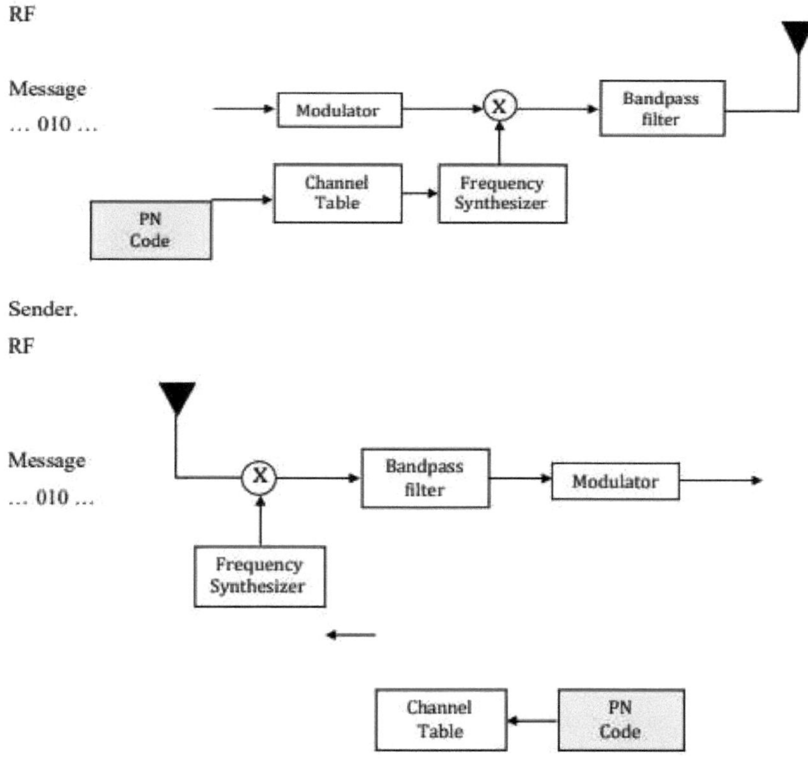

Recetor.

Figura 1: Comunicação básica FHSS.

FHSS:

O FHSS transmite o sinal sem fios através de múltiplos canais para evitar interferências. Especificamente, o transmissor e o recetor saltam de uma frequência para outra com base num padrão de salto de frequência partilhado gerado por um gerador de pseudo-ruído (PN). O transmissor multiplica o sinal de transmissão com uma portadora de diferentes frequências e o recetor procura sinais de acordo com as frequências correspondentes.

Um recetor deve ser capaz de se alinhar com o sinal enviado pelo transmissor. Para atingir este objetivo, tanto o transmissor como o recetor podem permanecer num determinado canal sem saltar até terem notícias um do outro, ou o transmissor pode permanecer num determinado canal e o recetor procurar em diferentes canais até descobrir o sinal do transmissor. Uma vez efectuado o alinhamento do sinal, o transmissor e o recetor podem começar a saltar em diferentes frequências de acordo com o padrão de salto de frequência partilhado. Strasser et. al. propuseram uma nova forma de alinhamento do sinal utilizando saltos não coordenados e criptografia de chave pública. A ideia básica é deixar o transmissor e o recetor saltarem aleatoriamente em frequências diferentes, mas com taxas de salto diferentes. Uma vez que os comunicadores estejam no mesmo canal, o transmissor envia ao recetor um valor secreto que é encriptado pela chave pública do recetor, que decifrará este valor utilizando a chave privada correspondente. O transmissor e o recetor geram então um padrão de salto partilhado com base no valor secreto. A vantagem deste método é que o transmissor e o recetor já não precisam de ter uma chave secreta partilhada antes da comunicação sem fios.

DSSS:

O conceito de DSSS é mais complicado do que o de FHSS. O DSSS é uma técnica de modulação que pode ser aplicada a um sinal de banda base para aumentar a sua largura de banda. Isto pode ser conseguido através da multiplicação de um sinal original por um código de propagação formado por chips. Este código de propagação é considerado como uma chave secreta pré-partilhada entre um emissor e um recetor para expandir um sinal. Cada código de propagação é representado por uma sequência de bits com valores de 1 e -1, ou 1 e 0 como representações polares ou não polares, respetivamente. Cada bit de uma mensagem original é multiplicado por um código de propagação e o resultado é a mensagem de propagação a ser transmitida através do canal sem fios. Um recetor efectua os passos inversos de um emissor para proceder à dessintonização de uma mensagem. A figura 2 mostra um sistema de comunicação DSSS básico com duas funções, incluindo o espalhamento e o desalinhamento.

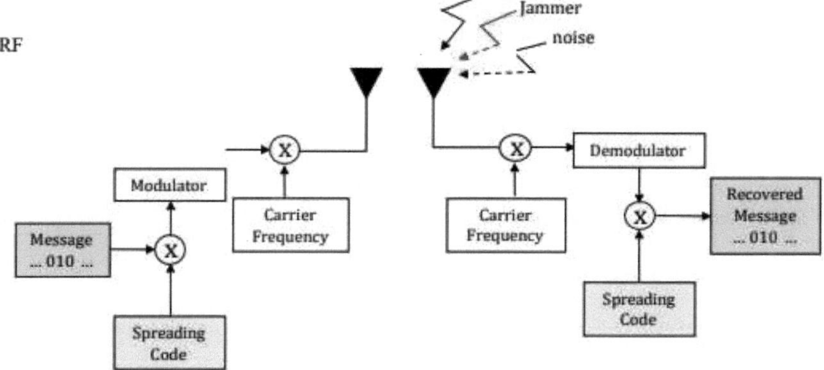

Figura 2: Sistema básico de comunicação DSSS.

Tanto o FHSS como o DSSS têm limitações óbvias. No FHSS e no DSSS, os emissores e os receptores têm de partilhar a mesma chave secreta para estabelecer comunicações anti-empastelamento, por exemplo, padrões de salto de frequência no FH e códigos de propagação no DSSS. Além disso, se um bloqueador conhecer a chave secreta, pode bloquear o canal de comunicação utilizando os mesmos padrões de salto de frequência e códigos de propagação.

As anteriores limitações das técnicas clássicas de anti-interferência desenvolveram-se nos últimos anos. Foram realizados trabalhos de investigação para ultrapassar a preocupação de estabelecer uma comunicação resistente ao empastelamento com uma chave secreta pré-partilhada. Strasser et al. propuseram um sistema anti-empastelamento baseado num salto de frequência não coordenado (UFH), que permite a dois dispositivos sem fios estabelecer uma chave secreta durante o tempo de transmissão na presença de um empastelador. Po¨pper et al. criaram um esquema denominado Uncoordinated Diret Sequence Spread Spectrum (UDSSS), que pode eliminar a necessidade de uma chave secreta partilhada para os sistemas DSSS, e um emissor seleciona sempre sequências de código de propagação aleatórias de um conjunto público para propagar uma mensagem.

O Randomized Differential DSSS (RD-DSSS) é outro sistema anti-interferência desenvolvido para eliminar a necessidade de uma chave secreta partilhada. No RD-DSSS, tanto o emissor como o recetor partilham sequências de código de propagação públicas. Um emissor espalha uma mensagem com base num código de índice escolhido, que é anexado ao final de uma mensagem espalhada para facilitar a descodificação no recetor. Liu et al. desenvolveram um novo esquema, denominado Delayed Seed-Disclosure DSSS (DSD-DSSS), contra ataques de empastelamento sem necessidade de partilhar uma chave secreta. Conseguem uma comunicação sem fios anti-empastelamento através da geração de uma semente aleatória, que pode ser utilizada para gerar sequências de código aleatórias para difundir cada mensagem. Para divulgar uma semente, um remetente espalha uma semente usando um conjunto de sequências de código publicamente conhecido e posiciona-o no final de uma mensagem de propagação. Esta dissertação apresenta dois sistemas como uma extensão do DSD-DSSS e do RD-DSSS para melhorar as suas questões de segurança.

Desafios existentes enfrentados pelas RSSF até à data

Seguem-se os breves problemas abordados, conforme indicado no quadro seguinte1

Sistema	Descrição	Problema abordado
Salto de frequência não coordenado (UFH)	Um emissor e um recetor esperam aleatoriamente entre um conjunto de canais de frequência conhecidos.	Um jammer pode detetar o canal e enviar a mensagem dentro do tempo de transmissão.
DSSS não coordenado (UD-DSSS)	Um emissor propaga uma mensagem selecionando aleatoriamente uma sequência de códigos de propagação a partir de um conjunto conhecido publicamente.	Um jammer pode bloquear o sinal transmitido adivinhando o código de propagação.
DSSS Diferencial Aleatório (RD-DSSS)	A mensagem é propagada com base no código de índice escolhido a partir das sequências de códigos de propagação públicas.	Um bloqueador visa o código de índice para bloquear a mensagem.
DSSS de divulgação de sementes atrasadas (DSD-DSSS)	Um emissor gera uma semente aleatória para produzir várias sequências de código de propagação para difundir uma mensagem.	Um remetente coloca uma semente aleatória no final da mensagem de propagação, que pode ser selecionada pelo atacante.

Tabela 1: Resumo dos problemas apresentados em trabalhos relevantes para o Agente de Roteamento Seguro em RSSFs.

CAPÍTULO 3
Tipos de segurança

Compreender a diversidade de tipos de cibersegurança é crucial para reforçar a proteção contra as ameaças digitais. Estes tipos englobam as metodologias e protocolos utilizados para proteger os dados contra roubo ou ataques maliciosos. A cibersegurança serve de escudo para computadores, dispositivos móveis, redes, servidores e dados, conhecidos coletivamente como segurança da informação eletrónica. A sua principal função é estabelecer um perímetro de segurança, garantindo que tanto os dados armazenados como os dispositivos permanecem imunes a ameaças externas.

Algumas das principais categorias de tipos de cibersegurança incluem

1) Segurança das infra-estruturas críticas: Centra-se na proteção de sistemas e bens vitais, como redes de energia, redes de transportes e instituições financeiras, contra ciberameaças que possam perturbar serviços essenciais.

2) Segurança da rede: Aborda as vulnerabilidades das redes informáticas através da aplicação de medidas como firewalls, sistemas de deteção de intrusão (IDS) e redes privadas virtuais (VPN) para monitorizar e controlar o tráfego da rede.

3) Segurança das aplicações: Garante a segurança das aplicações de software, identificando e atenuando as vulnerabilidades que podem ser exploradas por atacantes para obter acesso não autorizado ou comprometer dados.

4) Segurança da informação: Trata-se de salvaguardar a confidencialidade, a integridade e a disponibilidade de informações sensíveis através de medidas como a cifragem, os controlos de acesso e a classificação de dados.

5) Segurança na nuvem: Protege os dados e as aplicações alojados em ambientes de computação em nuvem, implementando controlos de segurança como a encriptação, a autenticação e a auditoria para atenuar os riscos associados aos serviços baseados na nuvem.

6) Prevenção de perda de dados (DLP): Centra-se na prevenção da divulgação ou exfiltração não autorizada de dados sensíveis através da implementação de políticas, tecnologias e processos para monitorizar, detetar e atenuar as violações de dados.

7) Educação do utilizador final: Reconhece o fator humano como uma componente crítica da cibersegurança, salientando a importância de educar os utilizadores sobre as ciberameaças, as melhores práticas e a sensibilização para a segurança, a fim de atenuar os riscos associados a ataques de engenharia social e outras vulnerabilidades relacionadas com o ser humano.

Segurança das infra-estruturas críticas

A segurança das infra-estruturas críticas desempenha um papel fundamental na proteção dos sistemas essenciais de que as sociedades dependem em grande medida. Estes sistemas englobam vários componentes vitais, como redes eléctricas, instalações de purificação de água, sistemas de controlo de tráfego, estabelecimentos comerciais e instalações de cuidados de saúde. Embora estas infra-estruturas possam não ser diretamente susceptíveis a violações cibernéticas, podem servir de condutas para o cibermalware se infiltrar em pontos terminais interligados. As organizações responsáveis pela gestão de infra-estruturas críticas devem avaliar o potencial impacto dos ciberataques e desenvolver planos de contingência sólidos para atenuar as consequências. Garantir a segurança e a resiliência das infra-estruturas críticas é fundamental para salvaguardar a segurança e o bem-estar da sociedade. Ao implementar técnicas eficazes de cibersegurança, as organizações podem fortalecer estes sistemas essenciais contra as ciberameaças e minimizar as interrupções dos serviços vitais. Além disso, a vigilância contínua e as medidas proactivas são essenciais para manter a integridade e a fiabilidade das infra-estruturas críticas face à evolução das ciberameaças.

Segurança de rede

A segurança das redes desempenha um papel crucial na proteção das redes internas contra intrusões hostis, complementando o âmbito mais vasto da cibersegurança, que aborda as ameaças externas. Envolve a salvaguarda da infraestrutura das redes internas e o controlo do acesso às mesmas para manter a sua integridade e confidencialidade. Um aspeto da segurança das redes internas envolve a monitorização das actividades dos utilizadores, nomeadamente no contexto dos cookies de terceiros utilizados por muitos sítios Web. Embora estes cookies possam ajudar as empresas a expandir as suas actividades, também apresentam riscos como a fraude e a exploração. Assim, as empresas devem implementar medidas de segurança para monitorizar a atividade e a infraestrutura da rede interna, a fim de mitigar os riscos de ciberataques e vírus associados à utilização da rede. A tecnologia de aprendizagem automática é promissora no reforço da segurança da rede, identificando padrões de tráfego invulgares e alertando as autoridades em tempo real para potenciais ameaças. As equipas de segurança podem tirar partido dos algoritmos de aprendizagem automática para melhorar a monitorização da segurança da rede, permitindo-lhes detetar e responder melhor às ciberameaças. Além disso, as organizações devem aperfeiçoar continuamente as suas estratégias de segurança da rede, implementando políticas e procedimentos que protejam contra o acesso, a modificação e a exploração indesejados dos recursos da rede. Medidas como a autenticação de dois factores (2FA) e a aplicação de políticas de palavras-passe fortes podem reforçar a segurança da rede e reduzir o risco de acesso não autorizado.

Em geral, os administradores de rede desempenham um papel crucial na implementação e aplicação de políticas de segurança de rede para proteger as redes internas contra ciberameaças, garantindo a confidencialidade, integridade e disponibilidade dos recursos críticos da rede.

Segurança das aplicações

A segurança das aplicações engloba a utilização de medidas de software e hardware para proteção contra ameaças externas encontradas durante o desenvolvimento e a implantação de aplicações. À medida que as aplicações se tornam cada vez mais acessíveis através de múltiplas redes, tornam-se mais susceptíveis a ciberataques.

Para proteger as aplicações de tais ameaças, podem ser utilizadas várias medidas de cibersegurança, incluindo software antivírus, firewalls e serviços de encriptação. Estas ferramentas ajudam a reduzir os riscos associados ao acesso não autorizado, às violações de dados e a outras vulnerabilidades de segurança. As organizações podem melhorar ainda mais a segurança das aplicações, identificando e protegendo conjuntos de dados sensíveis utilizando aplicações especializadas adaptadas aos requisitos específicos desses conjuntos de dados. As medidas de segurança das aplicações podem incluir uma combinação de hardware, software e controlos processuais concebidos para detetar, prevenir e mitigar vulnerabilidades de segurança. Por exemplo, a segurança de aplicações baseada em hardware pode envolver a utilização de routers para impedir o acesso não autorizado ao endereço IP de um computador a partir da Internet, acrescentando assim uma camada de proteção contra ameaças externas. Ao implementar medidas abrangentes de segurança de aplicações, as organizações podem reforçar a resiliência das suas aplicações contra ciberameaças e proteger dados sensíveis contra acesso ou exploração não autorizados.

Segurança da informação

A segurança da informação, também conhecida como InfoSec, engloba medidas para proteger os dados contra o acesso não autorizado, a alteração ou a eliminação durante o armazenamento ou a transmissão. A encriptação de dados é um aspeto fundamental da segurança da informação, garantindo que os dados permanecem protegidos enquanto estão em trânsito ou em repouso. Além disso, a InfoSec inclui procedimentos como o controlo de acesso, a gestão de chaves de encriptação, sistemas de deteção de intrusão na rede, políticas de palavras-passe e medidas de conformidade regulamentar.

A segurança da informação protege dados de várias formas, desde informações pessoais a perfis de redes sociais, dados de telemóveis, dados biométricos e muito mais. Consequentemente, a InfoSec abrange uma vasta gama de áreas de investigação, incluindo a criptografia, a computação móvel, a ciber-forense, as redes sociais em linha e muito mais.

Historicamente, a importância da segurança da informação foi reconhecida durante a Primeira Guerra Mundial, com o desenvolvimento do Sistema de Classificação de Vários Níveis para salvaguardar informações sensíveis. Este sistema foi aperfeiçoado e formalizado durante a Segunda Guerra Mundial, nomeadamente com a descodificação bem sucedida, por Alan Turing, da máquina Enigma utilizada pelos alemães para encriptar as comunicações em tempo de guerra.

Os programas de segurança da informação são concebidos em torno de três objectivos fundamentais, normalmente designados por tríade CIA:

1. Confidencialidade: Garantir que os dados sejam acessíveis apenas a indivíduos ou sistemas autorizados, evitando assim a divulgação não autorizada.

2. Integridade: Manter a exatidão e a fiabilidade dos dados, impedindo alterações ou modificações não autorizadas.

3. Disponibilidade: Garantir que os dados e os sistemas de informação estejam acessíveis e utilizáveis quando necessário, minimizando assim o tempo de inatividade e as interrupções das operações comerciais.

Ao aderir a estes objectivos e implementar medidas abrangentes de segurança da informação, as organizações podem proteger os seus activos de dados e manter a confidencialidade, integridade e disponibilidade dos recursos de informação críticos.

Segurança na nuvem

O armazenamento de dados com base na nuvem tem sido amplamente adotado na última década devido ao seu maior anonimato e conveniência. Embora o armazenamento em nuvem ofereça recursos de segurança aprimorados, ainda é essencial implementar medidas adicionais para proteger dados confidenciais. As soluções de software que monitorizam a atividade e notificam os utilizadores de quaisquer ocorrências invulgares nas suas contas na nuvem podem ajudar a reduzir os riscos associados ao acesso não autorizado ou a violações de dados.

As plataformas de computação em nuvem, como o Amazon Web Services (AWS), o Microsoft Azure e o Google Cloud, oferecem aos utilizadores ambientes seguros para armazenar e gerir dados. Estas plataformas oferecem uma gama de ferramentas e funcionalidades de segurança para proteger os dados contra ciberameaças.

A segurança da nuvem é comparável à dos centros de dados tradicionais no local, com a vantagem adicional de custos e requisitos de manutenção reduzidos. Ao aproveitar os serviços de computação em nuvem, as organizações podem minimizar o risco de violações de segurança e, ao mesmo tempo, beneficiar de soluções de armazenamento escaláveis e flexíveis.

Para além da proteção dos dados armazenados na nuvem, é crucial proteger os sistemas de infra-estruturas críticas de que as sociedades dependem fortemente. Infra-estruturas como redes eléctricas, instalações de purificação de água, semáforos e hospitais são componentes essenciais da sociedade moderna. Embora estes sistemas possam não ser diretamente susceptíveis a violações cibernéticas, podem servir de alvos potenciais para o cibermalware, conduzindo a perturbações generalizadas.

As organizações responsáveis pela gestão das infra-estruturas críticas devem avaliar o potencial impacto dos ciberataques e desenvolver planos de emergência para atenuar os riscos. Garantir a segurança e a resiliência das infra-estruturas críticas é vital para salvaguardar a segurança e o bem-estar da sociedade.

De um modo geral, a segurança da nuvem e a proteção das infra-estruturas críticas são componentes essenciais de estratégias abrangentes de cibersegurança. Ao implementar medidas de segurança robustas e planos de contingência, as organizações podem mitigar os riscos de ciberameaças e salvaguardar activos e sistemas críticos.

CAPÍTULO 4

Categorias de ciberameaças

Um ciberataque engloba uma vasta gama de actividades hostis destinadas a roubar, manipular ou destruir dados ou sistemas de informação. Estes ataques visam sistemas de informação, infra-estruturas, redes informáticas ou dispositivos informáticos pessoais.

As organizações necessitam de peritos e especialistas em cibersegurança para lidar com os numerosos tipos de ataques à cibersegurança, cada um apresentando desafios técnicos variados. Nos últimos 12 meses, o custo típico dos eventos e violações cibernéticas para as empresas aumentou para 57 000 dólares. Este valor representa um aumento de quase seis vezes em relação aos 10.000 dólares registados no ano anterior. Os piratas informáticos estão a utilizar cada vez mais tácticas como o phishing, infestações de malware e operações DDoS.

As organizações de maior dimensão são, em média, as que suportam os custos mais elevados para manter uma presença na Internet, o que não é surpreendente, uma vez que são também as mais visadas. Mais de metade das empresas com 1.000 ou mais empregados (51%) relataram ter sofrido pelo menos um incidente cibernético. A cibercriminalidade continua a aumentar, tanto em termos de custo como de intensidade. As figuras 1 e 2 indicam que os ladrões cibernéticos estão a visar cada vez mais as empresas do sector da energia e da indústria transformadora, para além de sectores que, historicamente, têm sido alvos há anos.

Ciberataques

Em todo o mundo, as pessoas são afectadas por várias formas de ataques à cibersegurança. Os tipos mais comuns de ciberataques são analisados na secção seguinte.

Malware

O malware, abreviatura de software malicioso, é uma categoria alargada de ciberameaças que engloba vários tipos de software nocivo concebido para perturbar, danificar ou obter acesso não autorizado a sistemas ou redes informáticas. O malware inclui vírus, worms, trojans, ransomware, spyware e outros programas maliciosos. Estas ameaças podem ser introduzidas nos sistemas através de anexos de correio eletrónico infectados, websites maliciosos ou software vulnerável. Uma vez instalado num sistema, o malware pode roubar informações sensíveis, encriptar ficheiros para obter um resgate ou causar perturbações generalizadas no sistema. Os ataques de malware são uma preocupação significativa para indivíduos e organizações, exigindo medidas robustas de segurança cibernética para detetar, prevenir e mitigar o seu impacto.

Phishing

Um dos tipos mais comuns de ciberataques é o phishing. Nestes ataques, os ciberatacantes tentam obter informações ou dados pessoais, como nomes de utilizador, palavras-passe e números de cartões de crédito, fazendo-se passar por uma entidade de confiança. O phishing é realizado principalmente através de meios tecnológicos, como e-mails e chamadas telefónicas. Estes ataques assumem frequentemente a forma de mensagens de correio eletrónico supostamente provenientes de organizações respeitáveis, como bancos, departamentos fiscais ou outras entidades de confiança, conforme ilustrado na Figura 3. Nesta secção, discutiremos os tipos mais comuns de ataques de phishing.

3) Phishing por correio eletrónico

Este é o tipo mais comum de ataque de phishing, em que os atacantes enviam e-mails enganadores fazendo-se passar por entidades legítimas, como bancos, agências governamentais ou organizações de confiança. Estes e-mails contêm frequentemente links ou anexos maliciosos que, quando clicados ou abertos, podem levar à infeção por malware ou levar os utilizadores a introduzir informações sensíveis em sites falsos.

4) Spear Phishing

Os ataques de spear phishing são tentativas de phishing altamente direcionadas e personalizadas que visam enganar indivíduos ou organizações específicas. Os atacantes pesquisam os seus alvos para criar e-mails convincentes que parecem legítimos, utilizando frequentemente informações pessoais obtidas nas redes sociais ou noutras fontes para aumentar a sua credibilidade.

5) Caça à baleia

Os ataques whaling têm como alvo indivíduos de elevado perfil, como executivos, diretores executivos ou outro pessoal-chave das organizações. Estes ataques envolvem frequentemente técnicas sofisticadas de engenharia social e têm como objetivo enganar as vítimas para que estas divulguem informações sensíveis ou transfiram fundos para contas fraudulentas.

6)Phishing de clones

Nos ataques de clone phishing, os atacantes criam réplicas de mensagens de correio eletrónico legítimas que foram previamente recebidas pela vítima. Estas mensagens de correio eletrónico clonadas contêm ligações ou anexos maliciosos e são concebidas para parecerem idênticas às mensagens de correio eletrónico originais, aumentando a probabilidade de serem enganadas com êxito.

7)Pharming

Os ataques de pharming envolvem o redireccionamento dos utilizadores de sítios Web legítimos para sítios fraudulentos sem o seu conhecimento. Os atacantes manipulam as definições do DNS (Sistema de Nomes de Domínio) ou comprometem os servidores DNS para redirecionar os utilizadores para sítios Web maliciosos, onde lhes pode ser pedido que introduzam informações sensíveis.

8) Vishing

O vishing, ou phishing de voz, envolve a utilização de chamadas telefónicas ou mensagens de voz para enganar as vítimas e levá-las a divulgar informações pessoais ou financeiras. Os atacantes fazem-se frequentemente passar por entidades de confiança, como bancos, agências governamentais ou serviços de apoio informático, para ganhar a confiança da vítima e extrair informações sensíveis.

9) Smishing

Os ataques de smishing utilizam SMS (Short Message Service) ou mensagens de texto para enganar as vítimas, levando-as a clicar em ligações maliciosas ou a fornecer informações sensíveis. Estas mensagens parecem muitas vezes ser de fontes legítimas e podem conter pedidos urgentes ou ofertas aliciantes para levar as vítimas a agir.

10) Ataques de negação de serviço (DoS)

Os ataques de negação de serviço (DoS) são ciberataques destinados a perturbar o funcionamento normal de um sistema informático, de uma rede ou de um sítio Web, sobrecarregando-o com um fluxo de tráfego ou de pedidos. Estes ataques podem tornar o sistema ou a rede visados inacessíveis a utilizadores legítimos, causando interrupções no serviço, períodos de inatividade ou indisponibilidade total.

Existem diversas variações de ataques DoS, incluindo:

1) Ataques DoS tradicionais: Nos ataques DoS tradicionais, os atacantes inundam o sistema ou a rede alvo com um volume avassalador de tráfego, como ataques de inundação TCP SYN ou ataques de inundação UDP. Esta inundação de tráfego consome os recursos do alvo, tornando-o incapaz de responder a pedidos legítimos.

2) Ataques distribuídos de negação de serviço (DDoS): Os ataques DDoS envolvem vários computadores ou dispositivos comprometidos, conhecidos como botnets, coordenados para lançar ataques simultâneos contra um único alvo. Os ataques DDoS são mais poderosos e difíceis de mitigar do que os ataques DoS tradicionais devido à sua natureza distribuída.

3) Ataques à camada de aplicação: Os ataques DoS ao nível da aplicação visam vulnerabilidades específicas em aplicações ou serviços Web para esgotar os recursos do servidor ou bloquear a aplicação. Estes ataques exploram pontos fracos no código ou na lógica da aplicação, como os ataques de inundação HTTP ou os ataques Slowloris.

4) Ataques de amplificação: Os ataques de amplificação exploram protocolos ou serviços de rede vulneráveis para amplificar o volume de tráfego direcionado para o alvo. Os atacantes enviam pequenos pedidos a servidores vulneráveis, que depois respondem com respostas muito maiores, amplificando o impacto do ataque.

5) Explorações de dia zero: Os ataques DoS de dia zero exploram vulnerabilidades previamente desconhecidas em software ou sistemas para perturbar o seu funcionamento normal. A mitigação dos ataques DoS requer medidas proactivas, como a implementação de firewalls de rede, sistemas de deteção de intrusão e serviços de mitigação DoS. Além disso, as organizações podem aproveitar as redes de distribuição de conteúdo (CDNs) e os serviços de proteção DDoS baseados na nuvem para distribuir e absorver o tráfego de ataque. A atualização regular do software, a configuração segura dos dispositivos de rede e a monitorização do tráfego de rede para detetar padrões invulgares são também essenciais para a defesa contra ataques DoS.

6) Ransomware: O ransomware é um tipo de software malicioso concebido para encriptar ficheiros ou bloquear sistemas informáticos, negando efetivamente o acesso aos dados ou ao dispositivo da vítima até que seja pago um resgate. Os ataques de ransomware envolvem normalmente a encriptação de ficheiros no computador ou na rede da vítima e exigem um

pagamento, muitas vezes em moeda criptográfica, em troca de uma chave de desencriptação ou para desbloquear o sistema:

O ransomware ***de encriptação*** encripta ficheiros no dispositivo da vítima utilizando algoritmos de encriptação fortes, tornando-os inacessíveis sem a chave de desencriptação. Isto bloqueia efetivamente a vítima dos seus próprios dados.

Pedido de resgate Depois de encriptar os ficheiros, o ransomware exibe uma nota de resgate ou mensagem exigindo o pagamento da vítima em troca da chave de desencriptação. O pedido de resgate inclui frequentemente instruções para fazer pagamentos, normalmente em criptomoeda, para carteiras anónimas controladas pelos atacantes.

Prazo Os ataques de ransomware impõem frequentemente um prazo para o pagamento, ameaçando eliminar permanentemente a chave de desencriptação ou aumentar o montante do resgate se a vítima não cumprir o prazo especificado.

Propagação O ransomware pode espalhar-se rapidamente através das redes, infectando vários dispositivos e sistemas dentro de uma organização. Pode explorar vulnerabilidades no software ou recorrer a tácticas de engenharia social, como e-mails de phishing, para enganar os utilizadores e levá-los a descarregar e executar anexos maliciosos.

Variantes: Existem várias estirpes e variantes de ransomware, cada uma com as suas caraterísticas e métodos de funcionamento únicos. Alguns ransomware podem também incluir caraterísticas adicionais, como a exfiltração de dados, em que as informações sensíveis são roubadas antes da encriptação e utilizadas como alavanca para extorquir o pagamento.

Os ataques de ransomware podem ter consequências devastadoras para indivíduos, empresas e organizações, resultando em perda de dados, perdas financeiras e danos à reputação. Para se proteger contra o ransomware, é essencial implementar medidas robustas de cibersegurança, incluindo cópias de segurança regulares dos dados, software antivírus atualizado e formação de sensibilização dos utilizadores para reconhecer e evitar tentativas de phishing. Além disso, as organizações devem ter planos de resposta a incidentes para responder eficazmente a ataques de ransomware e minimizar o seu impacto nas operações.

7) Injeção de SQL (sqli): A injeção de SQL é um tipo de ataque que visa especificamente as bases de dados SQL. As instruções SQL são normalmente utilizadas para consultar dados em bases de dados SQL, e estas instruções são frequentemente executadas através de um

formulário HTML numa página Web. Se as permissões da base de dados estiverem incorretamente configuradas, os atacantes podem explorar o formulário HTML para executar consultas que criam, lêem, actualizam ou eliminam dados da base de dados.

Structured Query Language (SQL) é uma linguagem de programação utilizada para comunicar com bases de dados. Os servidores utilizam frequentemente a SQL para aceder e manipular dados entre clientes e bases de dados. Os atacantes utilizam frequentemente instruções SQL maliciosas para manipular os computadores de modo a que estes executem acções não intencionais e indesejáveis.

Utilizando a técnica de injeção SQL (SQLi), os atacantes podem aceder diretamente e modificar as informações pessoais identificáveis (PII) de um cliente nas bases de dados. A SQLi explora vulnerabilidades SQL conhecidas, permitindo aos atacantes executar código malicioso no servidor. Ao explorar componentes da interface do utilizador, como a caixa de pesquisa, os atacantes podem extrair informações pessoais sensíveis, como credenciais de início de sessão, diretamente da base de dados, contornando todas as medidas de segurança da aplicação.

Os ataques de injeção SQL podem manifestar-se de várias formas e representam riscos significativos para a confidencialidade, integridade e disponibilidade dos sistemas de bases de dados e dos dados que contêm. É crucial que as organizações implementem medidas de segurança robustas, como validação de entrada e consultas parametrizadas, para se defenderem contra ataques de injeção de SQL e protegerem as suas bases de dados contra acesso e manipulação não autorizados.

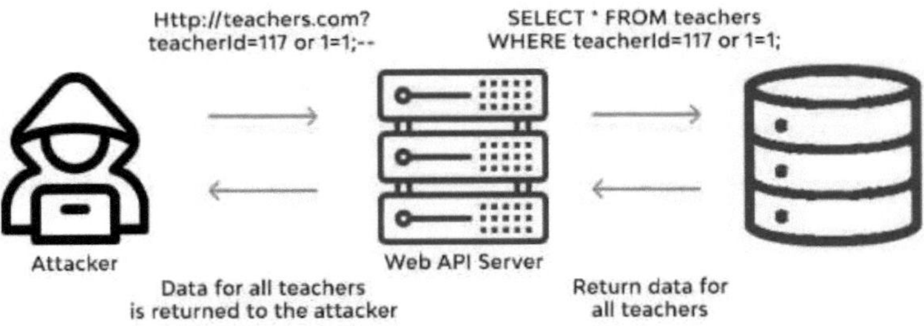

Figura10:AInjecçãoSQL[50]

Entrada não higienizada

A entrada não higienizada refere-se a uma vulnerabilidade em aplicações Web em que a entrada do utilizador não é devidamente higienizada ou validada para texto ou caracteres esperados. Neste tipo de ataque, os atacantes podem explorar esta vulnerabilidade introduzindo dados de entrada especialmente criados que podem manipular o comportamento da aplicação, conduzindo potencialmente ao acesso não autorizado ou à manipulação de dados. Por exemplo, se uma aplicação aceitar a entrada de dados do utilizador sem a devida sanitização ou validação, um atacante pode introduzir código malicioso ou caracteres especiais que podem induzir a aplicação a executar comandos não pretendidos ou a revelar informações sensíveis. Isto pode resultar no acesso do atacante a dados sensíveis, tais como registos de clientes ou informações financeiras.

Uma consequência comum dos ataques de entrada não higienizada é a injeção de SQL, em que os atacantes injectam código SQL nos campos de entrada para manipular a base de dados subjacente. Ao explorar esta vulnerabilidade, os atacantes podem realizar acções como extrair dados da base de dados, modificar dados ou executar comandos arbitrários.

Injeção cega de SQL

Não recupera diretamente as informações da base de dados, mas baseia-se em vários parâmetros que o atacante observa para efetuar o ataque. O atacante configura a base de dados observando a consulta GET String nas respostas HTTP, o tempo de retorno da recuperação de informações com base numa consulta de pesquisa e colocando à base de dados uma série de perguntas verdadeiro/falso, entre outras coisas [101]. Quando a página Web não apresenta imediatamente os dados do utilizador, esta é uma tática avançada de ataque SQLi. O atacante utiliza o Blind SQLi para efetuar o reconhecimento, recolher informações sensíveis e alterar o conteúdo da base de dados. Normalmente, são efectuados ordenando à base de dados que durma durante um determinado período de tempo e atrasando as respostas durante esse período utilizando a função SQL sleep().

Injeção de SQL de segunda ordem

Estes ataques dependem do armazenamento na base de dados dos dados submetidos pelos utilizadores, que o atacante recupera e utiliza numa instrução SQL maliciosa. Utilizam o comportamento do sistema secundário para ativar e permitir que o atacante controle a base de dados.

Ataques baseados na Web

Estes são os tipos de ataques que têm lugar num sítio Web ou numa aplicação Web. Para recolher credenciais, roubar dados de pagamento dos visitantes ou infetar computadores com malware ou ransomware, os ataques baseados na Web utilizam os navegadores e as suas extensões, sítios Web, sistemas de gestão de conteúdos e componentes informáticos de serviços Web [16] e aplicações. Foi injetado código JavaScript malicioso nos sítios Web da British Airways e da Ticketmaster, o que resultou em recentes violações de dados.

Ataques baseados no sistema

Se o objetivo do ataque é comprometer o(s) nó(s) e o(s) sistema(s) de uma rede, trata-se de um ciberataque baseado no sistema.

Técnicas de cibersegurança

As técnicas de cibersegurança abrangem uma série de estratégias, tecnologias e práticas destinadas a proteger os sistemas digitais, as redes e os dados contra o acesso não autorizado, os ciberataques e as violações de dados. Estas técnicas são essenciais para salvaguardar informações sensíveis e manter a integridade, confidencialidade e disponibilidade dos activos digitais. Eis algumas das principais técnicas de cibersegurança:

1) Encriptação: A encriptação é o processo de conversão de texto simples ou dados em texto cifrado, tornando-o ilegível para qualquer pessoa sem a chave de desencriptação adequada. Ajuda a proteger informações sensíveis, como palavras-passe, dados financeiros e comunicações pessoais, contra o acesso não autorizado.

2) Firewalls: As firewalls são dispositivos de segurança de rede que monitorizam e controlam o tráfego de entrada e de saída da rede com base em regras de segurança pré-determinadas. Funcionam como uma barreira entre as redes internas e as ameaças externas, impedindo o acesso não autorizado e as actividades maliciosas.

3) Sistemas de Deteção de Intrusão (IDS) e Sistemas de Prevenção de Intrusão (IPS): Os IDS e IPS são soluções de segurança concebidas para detetar e responder a actividades suspeitas ou maliciosas numa rede. O IDS monitoriza o tráfego de rede para detetar sinais de acesso não autorizado ou violações de segurança, enquanto o IPS bloqueia ou impede ativamente a entrada de potenciais ameaças na rede.

4) Software antivírus: O software antivírus foi concebido para detetar, impedir e remover software malicioso, como vírus, worms e cavalos de Troia, de infetar computadores e redes. Ajuda a proteger contra infecções de malware e outras ameaças cibernéticas.

5) Gestão de patches: A gestão de patches consiste em atualizar regularmente o software e os sistemas com os patches e as actualizações de segurança mais recentes para resolver as vulnerabilidades e os pontos fracos conhecidos. Ajuda a reduzir o risco de exploração por cibercriminosos e garante que os sistemas permanecem seguros contra ameaças emergentes.

6) Autenticação multifactor (MFA): A MFA acrescenta uma camada extra de segurança ao exigir que os utilizadores forneçam várias formas de identificação antes de acederem a um sistema ou aplicação. Normalmente, isto envolve a combinação de algo que o utilizador sabe

(por exemplo, uma palavra-passe) com algo que possui (por exemplo, um smartphone ou um token de segurança) ou algo que é (por exemplo, dados biométricos).

7) Formação de sensibilização para a segurança: A formação de sensibilização para a segurança educa os funcionários e utilizadores sobre as melhores práticas, ameaças e riscos de cibersegurança. Ajuda a aumentar a sensibilização para vectores de ataque comuns, como o phishing e a engenharia social, e capacita os indivíduos para reconhecerem e responderem eficazmente a potenciais ameaças.

8) Backup e recuperação de dados: As estratégias de cópia de segurança e recuperação de dados envolvem a criação regular de cópias de segurança de dados e informações críticas em locais seguros ou plataformas de armazenamento baseadas na nuvem. Na eventualidade de um ciberataque ou violação de dados, as cópias de segurança permitem às organizações restaurar dados perdidos ou corrompidos e minimizar o tempo de inatividade.

9) Práticas de codificação segura: As práticas de codificação segura envolvem o desenvolvimento e a implementação de aplicações de software com considerações de segurança em mente. Isto inclui o cumprimento de normas e diretrizes de codificação, a realização de revisões de código e a utilização de técnicas de codificação seguras para atenuar vulnerabilidades comuns, como ataques de injeção e transbordos de memória intermédia.

10) Planeamento da resposta a incidentes: O planeamento da resposta a incidentes envolve o desenvolvimento e a implementação de procedimentos e protocolos para responder eficazmente a incidentes e violações de cibersegurança. Descreve as medidas a tomar no caso de um incidente de segurança, incluindo contenção, investigação, atenuação e recuperação.

CAPÍTULO 5

Método de encaminhamento seguro

Quando transmitimos dados pessoais ou públicos através de um meio sem fios, somos vítimas de piratas informáticos, o que tecnicamente se designa por problema de dependência circular (CDP). Qualquer comunicação sem fios assenta no pressuposto de que algumas informações são partilhadas antes da comunicação, como o endereço MAC, a chave de encriptação, etc. Este problema é geralmente designado por CDP (problema de dependência circular). Devido a este pressuposto, os jammers aproveitam para perturbar a transmissão de dados ou mensagens. O adversário (jammer) altera a mensagem de três formas, que são as seguintes

Bloqueio: Ao enviar uma mensagem, o bloqueador de comunicações bloqueia o pacote em movimento. Esta interferência pode ser periódica, contínua ou sem memória. O objetivo do adversário é destruir o mais possível os bits dos pacotes, para que o recetor não possa descodificar a mensagem. O ataque de empastelamento é considerado uma das ameaças mais graves aos sistemas de comunicação sem fios, pois não só bloqueia a comunicação entre os nós como também consome a energia dos nós. Interrompe a comunicação na camada mais baixa, ou seja, a camada física, o que torna difícil a sua atenuação. O empastelamento é utilizado pelos militares como uma ferramenta para interromper a comunicação dos inimigos. No entanto, esta ameaça aplica-se para bloquear a disponibilidade de utilização de redes para uso civil. O objetivo de um jammer é impedir que um emissor e um recetor legítimos enviem e recebam mensagens. Pode emitir sinais de ruído para tornar o canal ocupado, de modo a que um emissor não possa transmitir dados sem fios. Além disso, um empastelador pode enviar dados inúteis para o recetor e, como resultado, o recetor não pode recuperar corretamente a mensagem recebida. Assim, a principal intenção do ataque de empastelamento é perturbar a transmissão de informações bloqueando o canal. Como estes ataques degradam drasticamente o desempenho, a defesa contra eles tem sido uma preocupação crescente. São essenciais mecanismos eficazes para evitar os ataques de empastelamento e para os detetar. Nas últimas décadas, foram efectuados muitos estudos para introduzir contramedidas contra os ataques de interferência.

Inserção: Neste tipo, o adversário adiciona a mensagem que tem previamente à transmissão atual, para acrescentar erros à mensagem original transmitida ou para provocar atrasos na transmissão.

Modificação: Neste tipo de ataque, o adversário tenta alterar o conteúdo da mensagem, atacando alguns bits da mesma. Os danos causados por este ataque podem ser demonstrados pelo algoritmo AES.

Trabalhos recentes também consideram as ameaças dos bloqueadores de banda larga, que podem bloquear todos os canais de frequência simultaneamente e têm uma potência de transmissão elevada para superar o ganho de propagação. Especificamente, Xu et al. propuseram a utilização de canais encobertos baseados na temporização para combater os bloqueadores de banda larga. Os canais encobertos são construídos ligando os tempos de inter-chegada dos pacotes corrompidos de um remetente a bits de informação. Além disso, são propostos esquemas de Bit Trickle para estabelecer a comunicação sem fios na presença de um bloqueador reativo de banda larga. A ideia básica é utilizar o curto atraso causado pela deteção de canal de um bloqueador reativo para fornecer bits de informação. O recetor pode recolher os bits de informação das partes não bloqueadas dos pacotes recebidos e juntá-los para obter uma mensagem com significado.

Solução melhorada

a) O RP-DSSS melhorado

No RP-DSSS, a probabilidade de um empastelador conseguir identificar o código de índice aumenta à medida que o comprimento da i-ésima mensagem Mi diminui. Especificamente, a última mensagem Mn tem a informação mais significativa para que um recetor possa fazer a dessintonização de Mn - 1. O recetor faz a dessintonização de Mn para identificar o código de índice utilizado para disseminar Mn - 1. Se o recetor conseguir identificar o código de índice em Mn - 1, então pode identificar o código de índice de Mn - 2 e assim sucessivamente para as restantes mensagens. Consequentemente, o atacante pode visar Mn para impedir o recetor de recuperar a mensagem original.

Propomos um RP-DSSS melhorado para resolver esta limitação. A técnica melhorada utiliza a mesma forma que a técnica RP-DSSS para difundir e anular a difusão de uma mensagem, mas são utilizadas permutações de mensagens para aumentar a segurança. À semelhança da RP-DSSS, não requer a partilha de uma chave secreta entre o emissor e o recetor e mais bits no final das mensagens de propagação para confundir os interferentes.

Visão geral do método proposto

A descodificação bem sucedida da i-ésima mensagem depende da descodificação da i + 1-ésima mensagem. Se conseguirmos esconder a última mensagem do empastelador, a probabilidade de o empastelador identificar e empastelar o código de índice destas mensagens e de todas as outras mensagens será reduzida. Para esconder a última mensagem, propomos aleatorizar a ordem de transmissão de todas as mensagens. Depois de gerar as cinco mensagens de propagação, o remetente envia estas mensagens numa ordem aleatória (por exemplo, M3, M2, M1, M5 e M4). Note-se que estas mensagens variam em comprimento, porque a i-ésima mensagem codifica o código de índice da i-ésima mensagem e, consequentemente, o tamanho da i-ésima mensagem é muito mais curto do que a anterior. Para evitar que o empastelador identifique a ordem original de propagação das mensagens, propomos que se acrescentem bits extra para que todas as mensagens tenham o mesmo comprimento que a primeira mensagem. Por exemplo, M2,..., M5 têm o mesmo comprimento que M1.

Para fazer a dessintonização das mensagens, tanto o recetor como o atacante precisam de verificar todas as combinações possíveis. Por exemplo, se uma mensagem original for codificada em cinco mensagens de propagação, é necessário verificar 120 combinações possíveis de mensagens (ou seja, 5!). A combinação correta de mensagens deve permitir a verificação bem sucedida da soma de controlo e dos sinais criptográficos. No entanto, o recetor tem uma vantagem significativa sobre o atacante, na medida em que pode primeiro armazenar todas as mensagens e depois tentar descodificar e verificar cada combinação de mensagens possível. Em comparação com o recetor, o empastelador tem de terminar a descodificação e a verificação de todas as 120 combinações antes de terminar a transmissão das cinco mensagens de propagação. Caso contrário, o empastelador falha o objetivo de empastelamento.

Parece que o número de combinações de mensagens aumenta exponencialmente à medida que o número de mensagens de propagação aumenta, e a descodificação poderia ser impossível se o comprimento da mensagem original fosse elevado. No entanto, para uma mensagem de comprimento n, o número de mensagens de propagação aumenta muito ligeiramente de forma logarítmica à medida que o comprimento da mensagem original aumenta.

Por exemplo, quando o comprimento da mensagem original aumenta de 128 bits para 4096 bytes (o tamanho máximo da unidade de transmissão do 802.11), o número de mensagens de propagação necessárias continua a ser 5. Para reduzir ainda mais a sobrecarga computacional no recetor, em vez de transmitir um pacote supergrande, o emissor pode dividir ficheiros e dados grandes em pacotes padrão mais pequenos, espalhar cada pacote e enviar as mensagens de espalhamento resultantes para o canal sem fios.

Conjunto de códigos de propagação e conjunto de sequências de códigos

À semelhança do RP-DSSS básico, tanto o emissor como o recetor partilham um conjunto de códigos de propagação P. Seja P = {p1, p2, ..., pn} o conjunto de códigos de propagação partilhados de n códigos. Ao contrário do RP-DSSS de base, o RP-DSSS melhorado assume que os códigos em P têm o mesmo comprimento, porque gostaríamos de reduzir a possibilidade de o empastelador poder descobrir a ordem original das mensagens de propagação através do comprimento das mensagens. O conjunto de sequências de códigos pode ser gerado utilizando os dois esquemas de geração seguintes.

Esquema básico de geração:

É gerado um conjunto específico de sequências de código para cada mensagem. Por exemplo, C1, C2, ..., Cn são utilizados para difundir as mensagens M1, M2, ..., Mn, respetivamente. Cada elemento de Ci é formado pela concatenação de códigos de propagação de P, e cada sequência de códigos Ci está associada a um código de índice Ii.

Esquema de geração de redução de custos indiretos:

Para reduzir a sobrecarga de armazenamento, podemos utilizar um conjunto de sequências de códigos C para todas as mensagens. Suponha que C = {c1, c2, ..., cn} denota o conjunto de sequências de códigos. Se o comprimento da mensagem original for m, então cada ci em C é formado pela concatenação de m códigos aleatórios de P. Suponha que C tem q sequências de código estabelecidas antecipadamente. Assuma também que I representa o conjunto de códigos de índice e que cada código de índice está associado a uma sequência de códigos ci. Tal como no RP-DSSS, P, C e I são conhecidos publicamente.

Difusão

O remetente espalha a mensagem original M utilizando o mesmo método de espalhamento proposto para o RP-DSSS. Um passo adicional importante é o facto de o remetente necessitar de preencher as mensagens de modo a que tenham o mesmo comprimento. O emissor pode efetuar o enchimento antes ou depois do espalhamento. Suponha-se que o comprimento de uma mensagem original é m. Se o remetente decidir adicionar dados de enchimento antes da propagação, pode colocar bits aleatórios nas mensagens. Se for utilizado o esquema de geração de redução de sobrecarga, existe apenas um conjunto de sequências de código C e o comprimento de uma sequência de código em C é exatamente o mesmo que o da mensagem original, ou seja, m. Assim, para a i-ésima mensagem Mi, o emissor pode simplesmente escolher uma sequência de código de C de forma aleatória e utilizá-la para propagar Mi. Note-se que o esquema básico de geração gera vários conjuntos de sequências de código diferentes com comprimentos de sequência de código diferentes, mas um único conjunto de sequências de código com o mesmo comprimento de sequência de código é suficiente para o preenchimento antes do espalhamento. Para simplificar o cálculo, o preenchimento antes da propagação é efectuado apenas com o esquema de geração de redução de sobrecarga. Se o remetente decidir efetuar o enchimento após o espalhamento, para o esquema de geração de redução dos encargos, o remetente utiliza os primeiros códigos li para espalhar a mensagem Mi e, em seguida, acrescenta os restantes códigos m - li ao final dos resultados do espalhamento, em que li é o comprimento de Mi Por exemplo, o comprimento de M2 é $\log_2$ (m) e os primeiros códigos de espalhamento $\log_2$ (m) da sequência de códigos escolhida são utilizados para espalhar M2 e os restantes códigos m - $\log_2$ (m) são utilizados como bits de enchimento. Para o esquema de geração básico, o emissor escolhe aleatoriamente uma sequência de códigos de C_i para propagar Mi, escolhe aleatoriamente m - $\log_2$ (m) códigos do conjunto de códigos P e, em seguida, acrescenta estes códigos ao final do resultado da propagação.

Abordagem de encaminhamento seguro para redes de sensores sem fios

As RSSF proporcionaram novas perspectivas para aplicações que incluem a monitorização, o seguimento e a vigilância. Recentemente, as RSSF têm merecido muita atenção devido à evolução substancial das tecnologias de comunicação sem fios e móveis, bem como ao vasto desenvolvimento de possíveis aplicações. As RSSF são, no entanto, criadas dinamicamente a partir de um certo número de nós sensores com restrições de energia e de um nó de gestão com energia de longa duração. As RSSF são sistemas autónomos e auto-organizados, constituídos por centros de dados back-end, nós de gestão e sensores comuns. Em primeiro lugar, os nós de gestão, que são nós de recolha intermediários, recebem dos sensores comuns dados de sensores em tempo real provenientes de um ambiente pervasivo específico. As informações dos sensores provenientes dos nós administradores serão então enviadas para o centro de dados back-end para processamento e análise adicionais. É certo que são utilizados mecanismos de transmissão sem fios para todas as interações entre nós.

As RSSF são baratas, de baixo consumo (funcionam com pilhas), versáteis, compactas e podem ligar-se a curtas distâncias. Dependendo das necessidades do utilizador, os nós das RSSF podem ser distribuídos manual ou arbitrariamente. Cada nó tem a capacidade de comunicar imediatamente com a estação de base ou com outro nó. As aplicações escalares, como os detectores de temperatura, humidade, pressão e fumo, bem como os dispositivos de entretenimento, como a captura de imagens, imagens de vídeo e áudio, podem ser utilizados com as RSSF. A implantação dos nós, a utilização de energia com sacrifício da precisão, a comunicação de informações, a heterogeneidade dos nós/ligações, a tolerância a falhas, a escalabilidade, os dispositivos associados, as ligações, a disponibilidade, a agregação de dados, a qualidade do serviço (QOS) e as alterações dinâmicas são algumas das principais preocupações em matéria de conceção das RSSF.

Muitas aplicações importantes, como a monitorização de incêndios florestais, a identificação de alvos militares, os domínios da medicina ou da investigação, e mesmo a nossa vida quotidiana, têm utilizado amplamente as RSSF. No entanto, como as comunicações sem fios utilizam um canal de transmissão de difusão e as RSSF não dispõem de proteção contra adulterações, são facilmente invadidas por intrusos. Assim, um hacker pode escutar todas as comunicações, enviar conteúdos maliciosos, reproduzir mensagens anteriores ou assumir o controlo de um nó sensor. Em geral, a proteção da privacidade e a autenticação do nó são, de facto, as duas principais preocupações de segurança com que os nós sensores estariam mais preocupados. Ao conseguir a confidencialidade dos dados através de medidas de segurança, a privacidade permite ligações de rede seguras entre os nós sensores e a estação de gestão. Além disso, um método de autenticação bem concebido pode garantir que nenhum nó autorizado se possa envolver ilegalmente e obter dados sensíveis das RSSF. Consequentemente, foram propostas várias estratégias diferentes para proteger as comunicações nas RSSF.

O encaminhamento nas RSSF é difícil devido à reduzida largura de banda e ao funcionamento a pilhas dos nós. As técnicas de encaminhamento das redes ad hoc revelaram-se ineficazes para as redes de sensores. Este facto resulta das muitas formas como as redes ad hoc e as redes de sensores têm necessidades de encaminhamento variadas. Ao contrário das redes ad-hoc, as comunicações nas redes de sensores, por exemplo, são feitas a partir de várias fontes para um único sumidouro. Para as RSSF, vários autores desenvolveram algoritmos de encaminhamento, embora estes só sejam eficazes em cenários específicos. Os dados do nó podem ser enviados por um único caminho ou por vários caminhos. Quando comparado com o encaminhamento por um único caminho, o encaminhamento por vários caminhos consome menos energia.

O objetivo dos avanços em curso na CI e nas TIC é criar nós sensores que sejam acessíveis e de pequenas dimensões. Uma RSSF é também um componente interno da Internet das coisas (IoT) que ajuda na troca de uma grande quantidade de informações para melhorar o controlo sustentável do utilizador. Para começar, a RSSF contém um grande número de nós sensores dispostos ao acaso, a fim de observar e comunicar primeiro com o mundo exterior. Ao conceber os sistemas RSSF, as três principais limitações tidas em conta são a utilização de energia, a largura de banda e a capacidade de armazenamento. Os sensores são normalmente instalados em locais não supervisionados, onde é difícil reabastecer ou mudar a bateria. A despesa de transmissão é mais elevada nas RSSF quando comparada com os procedimentos de deteção e computação.

Nas RSSF, existem dois mecanismos de transmissão: single hop e multi-hop. A transmissão de um único salto implica que o nó de origem transfere pacotes de informação para o destino num único salto. Enquanto isto acontece, os nós sensores das RSSF podem depender uns dos outros para transportar os pacotes para locais distantes. Multi-hop é o nome desta técnica de transmissão. Multi-hop é um fenómeno de encaminhamento que inclui a colaboração de nós intermediários para transportar informações entre os nós de origem e de destino. Ao permitir que um nó com pouca energia transporte dados através dos seus nós próximos em qualquer ponto do percurso de encaminhamento para o nó de destino, aumenta a eficiência das RSSF. O encaminhamento multi-hop levanta uma série de desafios em matéria de segurança e privacidade. Alguns destes problemas, incluindo espionagem, sinkholes, manipulação Sybil, clones, wormholes, spoofing, etc., prejudicam a disponibilidade e a fiabilidade do sistema.

Foram criados muitos mecanismos de segurança para as RSSF; no entanto, devido às limitações dos recursos dos sensores, alguns destes mecanismos de segurança não são adequados para as RSSF. Consequentemente, a sua aceitação nas RSSF é inviável. Isto deve-se ao facto de a conceção da maioria das RSSF ser instável. Algumas RSSF, ao contrário de outras redes, têm nós móveis que, por vezes, alteram a topologia dos sistemas de rede. Por conseguinte, estas redes móveis não podem utilizar o protocolo atual criado para nós estáticos. Além disso, as RSSF transportam uma grande quantidade de dados, o que aumenta a carga da rede de comunicações sem fios da RSSF.

A maioria dos protocolos de encaminhamento e das opções de segurança das RSSF não são adequados para estas redes. A culpa é das limitações de recursos das RSSF. O tipo de medidas de segurança que podem ser utilizadas nas RSSF é grandemente influenciado por estas limitações.

Os agentes são programas inteligentes localizados num ambiente que detectam o ambiente circundante e reagem a ele para atingir os objectivos. São um tipo de programa de computador que pode realizar uma tarefa específica de forma independente. Os agentes executam as seguintes tarefas: (1) remover informações redundantes entre sensores próximos através da fusão de dados a nível operacional; (2) remover informações redundantes entre muitos sensores através da aplicação de dados de processamento sensíveis ao contexto no nó; e (3) reduzir o custo de comunicação através da convolução de informações a nível da tarefa cumulativa. Os componentes das plataformas de agentes móveis incluem agentes, um servidor de agentes, uma interpretação e protocolos de transporte. A aquisição de agentes móveis e a sua transmissão para ação por um intérprete local é da responsabilidade de um servidor de agentes. Os agentes podem efetivamente ser programados nas linguagens Java, Tcl, Perl e XML. A utilização de um intérprete de agentes depende do tipo de linguagem/script de agente que está a ser utilizado. Os serviços essenciais são fornecidos por uma plataforma de agentes: geração de agentes móveis e estáticos, trânsito para agentes móveis, segurança, mensagens de comunicação e persistência. Aglets, Grasshopper, Concordia, Voyager e Odyssey são alguns dos sistemas de agentes que utilizam Java. Agentes fixos e móveis são as duas categorias em que os agentes se enquadram. Os agentes móveis são utilizados para recolher informações de vários nós e agregá-las, enquanto os agentes estáticos são utilizados para determinar o caminho entre os nós.

A solução para o problema abordado no quadro 1 acima utiliza uma linha segura para aceitar os dados actualizados dos nós sensores e a linha segura é gerada sob a forma de um ângulo criado a partir do HN. É criado um ângulo que cobre a maior parte dos nós na sua linha e pode ser criado mais do que um ângulo num determinado agrupamento. O agrupamento com HN é criado e o ângulo é desenhado a partir do HN. Os dados gerados pelos nós são enviados para a HN utilizando uma linha segura. Na linha segura foi injetado um agente móvel a partir da HN que passa através da linha segura e obtém os dados actualizados dos nós que se encontram perto da linha segura. Por fim, o agente envia todos os dados recebidos à HN e, mais tarde, a HN envia os dados à SN. A solução apresentada neste capítulo melhora a energia residual, proporciona segurança, reduz o atraso global e, sobretudo, melhora o tempo de vida da rede de sensores.

CONCLUSÃO

Este livro apresenta em pormenor os desafios e as questões do método de encaminhamento seguro utilizado nas redes de sensores sem fios; o agente é um método eficaz de proporcionar um encaminhamento seguro e protegido nas RSSF. Assim, o método abordado neste livro fornece um método eficiente e fiável de agente para redes de sensores sem fios.

REFERÊNCIAS

1. Wenli Duo, MengChu Zhou, Fellow, IEEE, e Abdullah Abusorrah, Senior Member, IEEE, "A Survey of Cyber Attacks on Cyber Physical Systems: Avanços e Desafios Recentes", publicado em IEEE/CAA JOURNAL OF AUTOMATICA SINICA , VOL 9, NO. 5, MAIO 2022

2. Gulshan(GalgotiasUniversity,GreaterNoida,India), Sansan Singh Chauhan(GalgotiasUniversity,GreaterNoida,India) "A survey on Cyber security Threats", publicado em 2021 na Conferência Internacional sobre Avanços e Inovações Tecnológicas (ICTAI)

3. Sra. Ashwini Seth, Sr. SachinBhosale,Sr. FarishKurupkar, "Research paper on cyber security", contemporary research in India(ISSN 2231 -2137) : Special Issue : April ,2021.

4. Dr. V.Kavitha *et al, Revista Internacional de Ciência da Computação e Computação Móvel, Vol.8 Issue.11, novembro- 2019, pg. 1-6. 2019,*

5. Aldo Cassola, Tao Jin, Guevara Noubir, e Bishal Thapa, "Efficient Spread Spectrum Communication Without Pre-Shared Secrets" , IEEE Transaction on Mobile Computing, Vol. 12, agosto de 2013.

6. T, Jin, G. Noubir, e B. Thapa, "Zero Pre-Shared Secret Key Establishment in the Presence of Jammer," Proc. ACM MobiHoc, 2009.

7. Mario Strasser, Christina popper, Srdjan capkun, Mario Cagalji, "Jamming Resitance Key Establishment using Uncoordinating Frequency Hopying,""IEE Symp..Security and Privacy (ISSP) 2008.

8. Radha poovendra, Minggyan Li, Koutsopouls," Optimal jamming attacks And network defense pulicies in wireless sensor network", Proc. IEEE INFOCOM, 2007.

9. W. Xu, W. Trappe, e Y, Zhang, "Channel surfing: defending wireless sensor networks from jamming and interferenre", Conferência ACM sobre sistemas de sensores em rede incorporados (SenSys}, 2006.

10. G. Lin e G. Noubir, "On Link layer Denial of Service Data Wireless LANs", Wireless comm.. Mobile Computing, Vol 5, no.3. pp 273-284, 2005.

11. Erik Strorn, Tony Ottosson. Arne Swensson, "An Introduction to Spread Spectrum systems", relatório técnico n.º. R016/ 2002.

Índice

MIX
Papier aus verantwortungsvollen Quellen
Paper from responsible sources
FSC® C105338

Printed by Books on Demand GmbH, Norderstedt / Germany